AF483054

LE TRIOMPHE

DE

BACCHVS

DANS LES INDES.

MASCARADE.

Dansée deuant sa Majesté le 9.
Ianuier 1666.

A PARIS,
Par ROBERT BALLARD, seul Imprimeur du Roy,
pour la Musique.

M. DC. LXVI.
Auec Priuilege de sa Majesté.

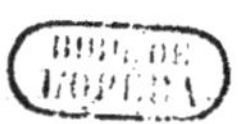

liv. 17 [60

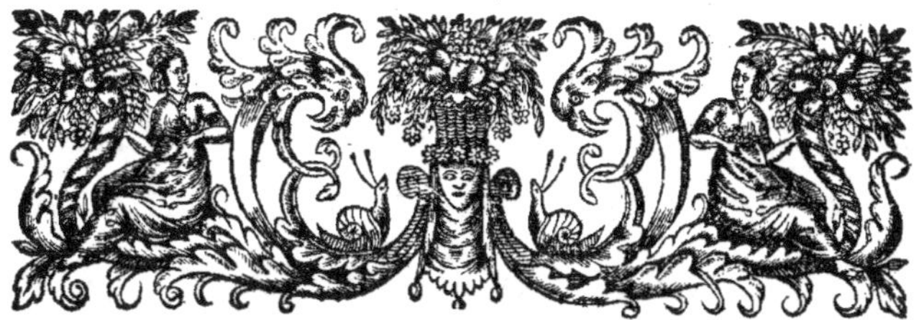

LE TRIOMPHE
DE
BACCHVS
DANS LES INDES.

MASCARADE.

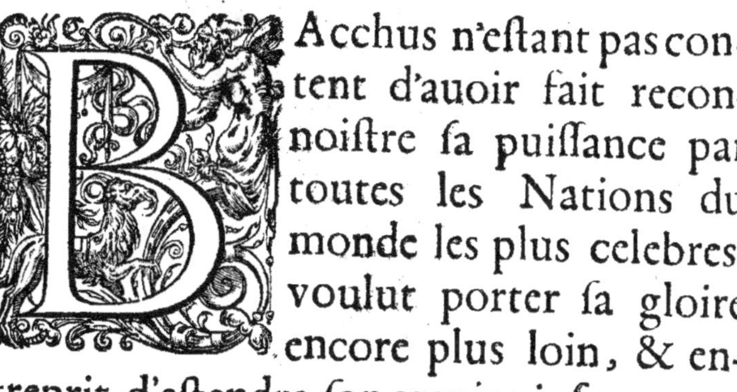

Acchus n'eſtant pas content d'auoir fait reconnoiſtre ſa puiſſance par toutes les Nations du monde les plus celebres, voulut porter ſa gloire encore plus loin, & entreprit d'eſtendre ſon empire juſques aux

A

extremitez de la Terre les plus reculées, & les moins connuës. Ce fut dans ce deſſein qu'il fit le voyage & la conqueſte des Indes. Il y trouua d'abord quelque reſiſtance: mais il la ſurmonta bien-toſt, & auec peu de peine. Il euſt enfin l'auantage d'entrer en triomphe dans ces belles Contrées, ou pas vn des Conquerants auant luy n'auoit jamais oſé penetrer; & c'eſt de ſon Entrée triomphante dans vn Pays ſi delicieux, que ſe forme le ſujet de cette Maſcarade.

LE Theatre reprefente vn des plus beaux Payfages que la nature puiffe produire, au fonds duquel on découure vn Antre, ou l'on a preparé vne efpece de Throfne, qui tout ruftique qu'il eft, ne laiffe pas d'auoir beaucoup d'agrément.

Du creux de cét Antre fort le bon homme Silene, qui comme le plus zelé des Courtifans de Bacchus, vient le premier annoncer fon Triomphe.

RECIT DE SILENE
Chanté par M. d'Eftiual.

C'Eſt dans ces Climats efcarteʒ,
Que le Soleil fortant de l'Onde
Reſpand fes premieres clarteʒ,
Et fa chaleur la plus feconde:
BACCHVS vient aujourd'huy triompher dans ces
      lieux,
Et fon Empire glorieux
Ne fera plus borné que des bornes du Monde.

PREMIERE ENTRE'E.

LEs Cobales, ou Esprits folets, qui sont toûjours de la compagnie de Bacchus, s'empressent aussi des premiers en cette occasion, pour tesmoigner leur joye par vne Dance badine qu'ils font autour de Silene.

Esprits folets.

Les Sieurs de Lorge, des Airs le Cadet,
la Pierre, & Noblet.

Silene fait cesser les badinages des Esprits folets, dont il commence d'estre importuné, en les faisant souuenir du respect qu'ils doiuent à la presence de Bacchus qui s'approche.

RECIT DE SILENE
AVX ESPRITS FOLETS
Chanté par M. d'Estiual.

INterrompez vos badinages
Lutins, folastres Dieux du fracas & du bruit,
Respectez Bacchus qui vous suit,
Et du moins vne fois essayez d'estre sages.

II. ENTRE'E.

Bacchus couronné de Pampre, & le Thyrse à la main, fait paroistre la satisfaction qu'il a de sa nouuelle Conqueste.

Bacchus. M. Beauchamp.

La Nymphe de l'Inde vient representer à Bacchus la felicité dont on jouït dans ces Climats agreables, & le prie de n'en troubler point le douceur.

RECIT DE LA NYMPHE
DE L'INDE.

Chanté par Mad.^lle Hylaire.

Voicy l'heureux sejour des innocents plaisirs,
On n'a point d'autres loix icy que ses desirs,
Au bonheur des Mortels en ces lieux tout conspire :
Les maux sont inconnus dans ce Païs charmant,
Et si, par fois, on y soûpire,
Ce n'est que d'amour seulement.

Bacchus, ne troublez point nostre felicité ?
Vostre Diuin Pouuoir doit estre respecté :
Mais chassez loin de Nous les fureurs qu'il inspire,
Si vous voulez regner dans vn si beau sejour,
Parmy les loix de vostre Empire,
Meslez les douceurs de l'Amour.

III. ENTRE'E.

TAndis que Bacchus, pour aſſûrer la Nymphe de la douceur de ſon Empire, la
conduit à ſon Throſne, & s'y place aupres
d'elle : des Indiens & des Indiennes viennent
falüer ce Dieu Triomphant, & luy rendre des
honneurs à leur mode.

Indiens. Les Sieurs Doliuet, & le Chantre.
Indiennes. Les Sieurs Bonard, & de Gan.

Silene à qui le ſerieux des Indiens ne plaiſt
pas, les inuite à s'en deffaire, pour prendre
l'enjouëment qui doit regner dans l'Empire de
Bacchus, & pour les y mieux engager, il ap-
pelle les Siluains & les Bacchantes.

RECIT DE SILENE
AVX INDIENS, AVX SILVAINS,
& aux Bacchantes.
Chanté par M. d'Eſtiual.

QVitteز ces demarches lentes,
Et vos poſtures languiſſantes ;
Pour croiſtre vos plaiſirs Bacchus vient parmy
vous :
Vn Dieu ſi plein d'appas n'a que des loix char-
mantes.

Venez

Venez Siluains, venez Bacchantes,
Venez, accourez tous,
Venez leur inspirer vos transports les plus doux.

IV. ENTRE´E.

LEs Siluains paroiffent d'vn cofté, & les Bacchantes de l'autre, les Vns auec des Fluftes, les Autres auec de petits tambours, & tous enfemble conuïent les Indiens de prendre part aux tranfports de joye que le regne de Bacchus infpire.

Siluains. Meffieurs Mançeau, Payfan, Balthafar, & des Airs laifné.
Bacchantes. Les Sieurs la Pierre, & Noblet.

V. ENTRE´E.

LEs Indiens charmez des Inftruments, & de la Danfe des Bacchantes & des Siluains, s'engagent infenfiblement à danfer auec eux.

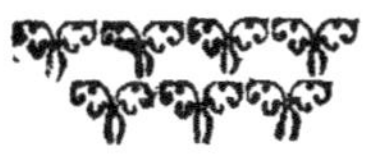

VI. ET DERNIERE ENTRE'E.

BAcchus ſuiuy des Eſprits folets ſe vient joindre aux Indiens, Siluains, & Bacchantes, & pour acheuer ſon Triomphe, au milieu de cette Danſe generale, la Nymphe de l'Inde & Silene, joignent leurs voix pour chanter les loüanges de ce Dieu victorieux, & pour publier les charmes de ſon Empire.

CHANSON DE LA NYMPHE DE L'INDE,
ET DE SILENE ENSEMBLE.
Chantée par Mad.^{lle} Hylaire, & par M. d'Eſtiual.

*Q*Ve ce Dieu merite qu'on l'ayme!
Qu'il ſçait bien enchanter nos ſens!
Admirons ſes attraits puiſſants:
Son regne eſt charmant, ſa douceur eſt extreſme,
Les Plaiſirs, l'Amour luy-meſme,
Sans Bacchus ne ſont que languiſſants.

Que chacun luy rende les armes,
Que ſon Throſne ſoit affermy;
Le chagrin eſt ſon ennemy,
Viuons ſous ſes loix ſans ennuis, ſans allarmes;
Qui n'a point connû ſes charmes
Ne connoit les plaiſirs qu'à demy.

BACCHVS
AV ROY.

GRAND ROY, *pour arrester vos yeux*
quelques moments,
J'ay quitté mes fureurs, & mes déreglements,
Et n'ay voulu mesler qu'vn Triomphe à vos
Festes;
Tant de soins pour la gloire, & tant d'em-
pressements
Nous font connoistre assez quels sont vos senti-
ments,
Et que de l'humeur dont Vous estes,
Les Triomphes, & les Conquestes
Sont vos plus doux amusements.

F I N.

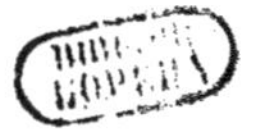

www.ingramcontent.com/pod-product-compliance
Lightning Source LLC
LaVergne TN
LVHW051348200726
843510LV00002B/882